Como realizar o sonho da casa própria

Copyright 2012 by Reinaldo Domingos

Direção editorial: Simone Paulino
Projeto gráfico e diagramação: Terra Design Gráfico
Editora-assistente: Silvia Martinelli
Produção editorial: Maíra Viana
Redação: Jussara Mangini
Fechamento de arquivos: Christine Baptista
Revisão: Assertiva Produções Editoriais
Impressão: Intergraf Ind. Gráfica Ltda.

Todos os direitos desta edição são reservados
à DSOP Educação Financeira Ltda.
Av. Paulista, 726 – cj. 1210 – 12º andar
Bela Vista – CEP 01310-910 – São Paulo – SP
Tel.: 11 3177-7800 – Fax: 11 3177-7803
www.dsop.com.br

```
Dados  Internacionais  de  Catalogação  na  Publicação  (CIP)
       (Câmara  Brasileira  do  Livro,  SP,  Brasil)

       Domingos, Reinaldo
          Como realizar o sonho da casa própria /
       Reinaldo Domingos ; redação Jussara Mangini. --
       São Paulo : DSOP Educação Financeira, 2012. --
       (Coleção dinheiro sem segredo ; v. 3)

          ISBN 978-85-63680-69-3

          1. Dinheiro 2. Finanças 3. Finanças pessoais
       4. Finanças pessoais - Planejamento 5. Orçamento
       I. Mangini, Jussara . II. Título. III. Série.



12-15155                                       CDD-332.6
```

Índices para catálogo sistemático:

1. Educação financeira : Economia   332.6

DINHEIRO SEM SEGREDO

Como realizar o sonho da casa própria
REINALDO DOMINGOS

dsop

Sumário

Apresentação 8

Casa própria: sonho ou pesadelo?

Quem casa quer casa 13

Dê preferência às dívidas de valor 16

Faça a casa própria caber no seu bolso 19

Realize o seu sonho com segurança

Os quatro passos da Metodologia DSOP 25

Poupar para comprar à vista ou financiar? 30

Como conciliar aluguel e poupança para
comprar à vista 32

Quando financiar já é um hábito 35

Esteja preparado para as eventualidades 38

Alternativas para todos os perfis

Consórcio: imóvel por cota 45

Quando o aluguel pode ser uma alternativa 47

Comprar para morar ou para investir 51

Construir exige dedicação 54

Atenção para as armadilhas financeiras

Dificuldades para pagar o imóvel recém-adquirido?.... 61

Defina quanto realmente você pode pagar 63

Quando o inesperado acontece 66

DSOP Educação Financeira 72

Reinaldo Domingos 74

Apresentação

A Coleção **Dinheiro sem Segredo** foi especialmente desenvolvida para ajudar você e muitos outros brasileiros a conquistar a tão sonhada independência financeira.

Nos 12 fascículos que compõem a Coleção, o educador e terapeuta financeiro Reinaldo Domingos oferece todas as orientações necessárias e apresenta uma série de conhecimentos de fácil aplicação, para que você possa adotar em sua vida a fim de equilibrar suas finanças pessoais.

Questões como a caminhada para sair das dívidas, a realização de sonhos materiais como a compra da casa própria e a melhor forma de preparar uma aposentadoria são abordadas numa leitura fácil, saborosa e reflexiva.

Os fascículos trazem dicas de como lidar com empréstimos, cheques especiais, cartões de crédito e financiamentos, todas elas embasadas numa metodologia própria, que já ajudou milhares de brasileiros a ter uma vida financeira melhor e a realizar seus sonhos.

Observador e atento, Reinaldo faz uso de tudo o que ouve em seu dia a dia como educador e consultor financeiro para explicar o que se deve ou não fazer quando o assunto é finanças. As dicas e ensinamentos que constam nos fascículos são embasados pela Metodologia DSOP, um método de ensino desenvolvido pelo autor que consiste em diagnosticar gastos, priorizar sonhos, planejar o orçamento e poupar rendimentos.

Casa própria: sonho ou pesadelo?

Quem casa quer casa.

Dê preferência às dívidas de valor.

Faça a casa própria caber no seu bolso.

Quem casa quer casa

Será que a conquista da casa própria ainda é um sonho? Ou virou sinônimo de pesadelo? Atualmente, avaliando os altos preços do mercado de imóveis, o que é mais vantajoso: obter uma casa própria a qualquer custo ou morar de aluguel e ter uma reserva estratégica na poupança?

E, caso decida pelo imóvel próprio, o que é melhor: comprar por financiamento ou acumular renda numa poupança para pagar à vista? Afinal, como estabelecer um plano de orçamento para suas finanças de maneira que seus sonhos possam ser viabilizados?

Neste fascículo, vou ajudá-lo a identificar qual o melhor caminho para realizar o sonho da casa própria. Afinal, não são apenas os recém-casados ou aqueles prestes a se casar que querem uma casa. Solteiros que buscam seu próprio canto, recém-separados que têm de recomeçar sua história em um novo lar – todo mundo quer um teto para chamar de seu, qualquer que seja sua fase ou estilo de vida. Mesmo quem já tem um imóvel também pode pensar em outro, para investir.

No Brasil, a combinação de fatores como anos de estabilidade econômica, renda em ascensão, inflação sob controle, queda histórica na taxa de desemprego e baixa das taxas de juros, que facilitam o crédito, aumentou a demanda por imóveis e, consequentemente, forçou o aumento do seu valor.

Além disso, é preciso levar em conta que o valor dos imóveis cresceu muito acima da renda, criando um descompasso entre a capacidade de endividamento das famílias e o financiamento imobiliário. E isso aconteceu embora a renda do brasileiro tenha apresentado um aumento real nos últimos anos e o governo continue incentivando o consumo por meio da redução de alíquotas tributárias para alguns setores.

Para você ter uma ideia do que estou falando, em 2007 o empréstimo médio concedido pelo Sistema Financeiro de Habitação (SHF) era de R$ 82 mil, com uma parcela inicial que comprometia 42% da renda de um casal médio brasileiro, considerando um prazo de 30 anos para financiamento. Em 2011, o financiamento médio atingiu R$ 150 mil, com parcelas iniciais que equivalem a 52% da renda do casal.

Não há estudos precisos que confirmem a existência ou a formação de uma bolha imobiliária no Brasil, em um movimento similar ao vivido há alguns anos pelos Estados Unidos. Isso porque uma bolha imobiliária se caracteriza por preços muito elevados em relação à capacidade de pagamento das pessoas, e o ar que infla qualquer bolha de investimento, imobiliário ou não, é sempre uma abundante oferta de crédito.

Além disso, para que as bolhas estourem é preciso que ocorra uma súbita ruptura na oferta de crédito, normalmente associada a uma forte elevação do custo desse crédito. E o que vivemos hoje no Brasil é justamente o contrário. O crédito imobiliário está em expansão e o seu custo, em queda. Por isso, o mais provável é que os preços não continuem subindo no ritmo dos últimos anos.

Portanto, diante desse cenário, é importante analisar todas as alternativas existentes para não se precipitar nem perder oportunidades e, principalmente, fazer uma pausa para refletir qual é a melhor forma de fazer sua casa própria caber no seu bolso.

Dê preferência às dívidas de valor

Antes de mais nada, você precisa ter em mente que adquirir um imóvel é uma decisão muito importante, que deve ser pensada com prudência. Afinal, comprar uma casa ou apartamento não é a mesma coisa que adquirir um eletrodoméstico ou uma roupa. Até pela questão dos altos valores envolvidos, a compra da casa própria é, como eu costumo chamar, uma dívida de valor.

E estabelecer o que tem ou não valor é uma tarefa difícil, já que o valor é algo muito subjetivo e pode variar de pessoa para pessoa. Por isso, é importante que você se pergunte qual é o valor verdadeiro que a compra da casa própria tem em sua vida. Essa reflexão será importante lá na frente, quando você terá que decidir sobre a melhor forma de adquirir esse bem.

Para que você entenda a importância da compra da casa própria e o conceito de dívida de valor, vou dar alguns exemplos. As compras a prazo podem ser classificadas em duas categorias: dívidas de valor e dívidas sem valor.

A casa própria é uma dívida de valor, pois representa uma ampliação no patrimônio financeiro e agrega também em qualidade de vida.

O investimento numa pós-graduação é outro exemplo de dívida de valor, uma vez que a aquisição de conhecimento e qualificação profissional podem gerar, posteriormente, uma renda mensal mais alta, além de contribuir para a sua formação pessoal.

Quando o endividamento é feito em nome de algo que agrega valor em sua vida, o débito se justifica, afinal, estamos falando de um investimento no seu crescimento pessoal, profissional ou financeiro.

Porém, o grande problema da maior parte das pessoas é o enrosco financeiro por conta das dívidas sem valor, em que não há uma contrapartida relevante no que se refere à qualidade de vida, capacitação profissional ou mesmo enriquecimento pessoal.

Dívida sem valor é o resultado da compra de produtos ou aquisição de serviços que não agregam valor à sua vida. Normalmente são compras feitas por impulso como roupas, sapatos, móveis, aparelhos eletrônicos, entre outros produtos que, em pouco tempo, estarão gastos ou fora de moda e entrarão para a lista de coisas que você não usa mais.

Por isso, é fundamental que haja uma reflexão sobre as dívidas que você já adquiriu, para que o seu passado financeiro não comprometa a meta de adquirir a tão sonhada casa própria.

Essa análise pessoal fará com que você repense os seus hábitos e consiga planejar qual o momento certo para dar esse importante passo sem comprometer sua situação financeira atual e também reavalie o que moverá os seus desejos daqui por diante.

Faça a casa própria caber no seu bolso

Em minha experiência como terapeuta financeiro, percebi que para alcançar o seu principal sonho de consumo o brasileiro passa mais de 30 anos da vida comprometendo uma parte significativa de sua renda com a dívida de um imóvel. E o pior: sujeita-se a juros abusivos e muitas vezes nem percebe que, ao final do parcelamento, pagou por três casas e ficou somente com uma. Se tivesse o hábito de guardar dinheiro para os sonhos de curto, médio e longo prazos, certamente compraria a casa própria em até 1/3 do tempo que demora para tê-la por meio do financiamento.

Brasileiro tem fama de ser escolado em driblar crise econômica, inflação, orçamento baixo. Sem dúvida, vale ouro o aprendizado de anos convivendo com condições de instabilidade e incerteza. Mas agora, num cenário mais favorável de estabilidade, aumento de renda e maior poder de compra, é preciso estar mais bem-educado financeiramente para não cair nas armadilhas do crédito fácil.

A preocupação mais comum entre as pessoas que pretendem comprar um imóvel é o temor de perder o emprego ou sua fonte de renda. Não é à toa que em um dos meus livros, *Terapia Financeira*, proponho que as pessoas façam o seguinte questionamento: "Se a partir de hoje você não recebesse mais o seu ganho mensal, por quanto tempo conseguiria manter seu atual padrão de vida?".

O que pode transformar o sonho da aquisição da casa própria em um pesadelo são atitudes impensadas em relação a várias questões indiretas envolvidas no processo de compra. É muito comum, por exemplo, não fazer o cálculo total do valor que será efetivamente pago pelo imóvel ao final de um financiamento. O raciocínio mais comum é pensar apenas no valor da prestação. Saber que a prestação da casa própria cabe realmente no seu bolso é fundamental, mas também é necessário ter a dimensão exata do tamanho da dívida que você está contraindo. Lembre-se: a palavra-chave é consciência.

Para ajudá-lo a "entrar no espírito" do que estou dizendo, faça a seguinte pergunta a si mesmo: "Sem salário ou comissões, ou seja, sem o dinheiro resultante da sua força de trabalho, como você pagaria suas despesas e honraria seus compromissos financeiros?".

Com essa "provocação", quero alertá-lo de que além de evitar se endividar acima da sua capacidade de pagamento é preciso ter uma reserva financeira para enfrentar imprevistos, ainda mais quando se pretende assumir um compromisso tão importante como a compra de um imóvel.

Realize o seu sonho com segurança

Os quatro passos da Metodologia DSOP.

Poupar para comprar à vista ou financiar?

Como conciliar aluguel e poupança para comprar à vista.

Quando financiar já é um hábito.

Esteja preparado para as eventualidades.

Os quatro passos da Metodologia DSOP

Para mostrar às pessoas como é possível fazer os sonhos caberem em seus orçamentos e que, independentemente do volume dos seus gastos, é possível poupar e preparar-se para um futuro financeiro mais confortável e repleto de realizações, criei a Metodologia DSOP de Educação Financeira, que se fundamenta no ensinamento de quatro passos:

Diagnosticar (saber quanto ganha, quanto gasta, como gasta, com o que gasta, como paga e identificar excessos e supérfluos para corte);

Sonhar (definir três sonhos, de curto, médio e longo prazos, saber quanto custam e calcular quanto seria necessário reservar por mês para realizá-los no prazo determinado);

Orçar (definir um padrão de vida, a partir do ajuste entre ganhos e gastos e da priorização dos recursos necessários para a realização dos sonhos);

Poupar (esforços de economia: comprar à vista com desconto, gastar menos do que ganha, reservar parte do que ganha para investimentos variados, poupar pensando na aposentadoria, entre outros).

Se a casa própria é um sonho, você tem de levá-lo a sério. Muitas vezes não conseguimos seguir adiante porque não temos objetivos claros. Minha intenção é ajudá-lo a fazer escolhas financeiramente sustentáveis, para proteger seu patrimônio e manter sua qualidade de vida.

Nesse sentido, uma das primeiras questões a serem avaliadas é qual será a melhor opção de compra, de acordo com a sua realidade econômica: financiar, poupar para comprar à vista, poupar enquanto paga aluguel para financiar o menor valor possível, construir ou fazer um consórcio?

Para quem ainda não iniciou esse processo de análise das possibilidades, proponho algumas perguntas que podem guiar sua decisão:

Quer um imóvel para morar ou para investir?

Está pensando em mudar de casa por necessidade ou por status?

Quer um imóvel novo, usado, na planta ou prefere construir?

O que tem considerado em suas pesquisas: localização, tamanho, padrão, preço, condições de pagamento?

Atualmente paga aluguel? Quanto essa despesa consome de sua renda?

De quanto dispõe efetivamente para gastar?

Tem dinheiro para comprar à vista ou para dar de entrada?

Precisará comprar a prazo e pagar juros?

Fez alguma simulação do financiamento, de acordo com sua renda, idade, valor e prazo pretendido?

Certificou-se de que a parcela caberá no seu bolso? Mesmo dali a três, seis ou 12 meses? E, caso compre na planta, como fará a reserva para as intermediárias até a entrega das chaves?

E se ficar sem salário ou tiver um gasto inesperado com uma emergência, como garantirá o pagamento?

As respostas a essas perguntas dependem, em parte, da fase de vida de cada um. Um casal prestes a se casar precisa ter consciência de que a tendência é que os gastos familiares aumentem, especialmente com a chegada de filhos, programados ou não. Quem ainda vive com os pais, mas tem seus próprios rendimentos, tem a oportunidade de poupar e ampliar seu poder de compra e negociação pelos melhores preços. Quem já possui um imóvel e tem reservas suficientes para investir no mercado imobiliário, pode aproveitar a oportunidade para ampliar o patrimônio desde que esteja atento a fatores de valorização do bem.

Porém, independentemente da renda, da fase ou do estilo de vida, o que realmente vai servir de bússola para a escolha da forma de aquisição da casa própria é o conhecimento que cada pessoa tem do seu "eu financeiro" e do diagnóstico das suas finanças. Quando o indivíduo ou o casal toma consciência de como lida com o dinheiro e se dispõe a mudar alguns comportamentos em relação aos gastos, está pronto para fugir da armadilha de passar a vida consumindo de maneira desenfreada e impulsiva e consegue, finalmente, traçar um plano para chegar aonde deseja financeiramente.

E quando o sonho vem em primeiro lugar, a motivação para viver de acordo com o seu padrão de vida torna-se algo natural e prazeroso, pois você se sentirá recompensado pelos esforços que fizer. E isso não significa que a recompensa virá depois de décadas. Pelo contrário. Quando a Metodologia DSOP recomenda definir e reservar recursos do seu orçamento para sonhos de curto (até um ano), médio (até dez anos) e longo prazos (acima de dez anos), é justamente para que ninguém fique anos e anos com um longo compromisso que impeça de ter outras conquistas e prazeres.

Então, mãos à obra: pesquise preços, condições de pagamento, taxas de juros, relação custo-benefício, padrão e localização e avalie as chances de valorização do bem. Cuidado com o encantamento que os imóveis decorados ou os projetos das revistas especializadas causarão em você. Se você quer uma mobília, acabamento ou decoração iguais, investigue o custo e inclua em suas contas.

Outra recomendação é conhecer um pouco melhor o bairro onde vai morar. Visite o local, de dia e à noite, informe-se com outros moradores e com a vizinhança sobre a rotina da rua e da região. Certifique-se de que os supermercados, lojas, escolas e outros serviços são compatíveis com a sua renda. Pode parecer irrelevante, mas faz muita diferença no resultado final do seu orçamento, pois a variação de custo de vida de um bairro para outro pode chegar a mais de 50%.

Confronte as informações coletadas com o seu diagnóstico financeiro e estruture diferentes orçamentos conforme a opção de compra. Lembre-se de que, além da despesa com a compra em si, você terá gastos com documentação, mobília, mudança e tantas outras coisas. A seguir, vou apresentar as diferentes possibilidades de comprar um imóvel, alertando para os respectivos prós e contras.

Poupar para comprar à vista ou financiar?

Você já deve ter feito esta pergunta mais de uma vez: "O que é mais vantajoso financeiramente: financiar ou poupar até atingir o valor necessário para comprar o imóvel à vista?".

Sei que o fato de informá-lo de que um imóvel que vale R$ 100 mil pode custar mais de R$ 350 mil se financiado em 30 anos não vai necessariamente fazê-lo desistir do sonho. Afinal, o financiamento funciona como uma espécie de aluguel com possibilidade de compra no final, não deixando de ser uma opção para assegurar o bem tão desejado. Além disso, quem possui um bom equilíbrio e controle financeiro deve ficar atento para não se deixar levar pela ansiedade de querer quitar o imóvel em menos tempo. Quando isso acontece você acaba utilizando toda a sua reserva financeira e fica sem nada guardado.

Lembre-se de que temos que criar o hábito de ter dinheiro acumulado para destinar aos imprevistos da vida e também para alimentar a concretização de nossos sonhos. Isso sem contar que, tendo uma reque poderá pagar as futuras prestações do seu imóvel sem correr o risco de perdê-lo num revés financeiro.

Mas talvez você pense duas vezes e decida poupar o valor total ou parte dele durante alguns anos e só então partir para o financiamento, por um prazo menor, pagando um valor final mais justo, em vez de pagar o valor de três apartamentos e levar só um.

Para quem mora com os pais e está planejando sair de casa no médio prazo ou tem planos de ter um imóvel para investimento, o cálculo a seguir pode ajudar a prever em quanto tempo conseguiria acumular o valor necessário para a compra à vista de um imóvel.

Vamos considerar, hipoteticamente, que o valor atual de mercado do imóvel que você pretende comprar seja de R$ 100 mil. Digamos que tenha optado pelo financiamento em 360 meses (30 anos). Pagando parcelas de R$ 1.100,00, ao final desse período o imóvel terá custado R$ 372 mil.

No entanto, é possível acumular os R$ 100 mil em seis anos. Basta depositar mensalmente o valor equivalente à prestação do financiamento (R$ 1.100,00) em uma aplicação financeira com rentabilidade líquida de 0,7% ao mês.

Mesmo com a correção monetária do valor do imóvel em seis anos, é mais vantajoso ter disciplina e paciência para realizar o sonho da casa própria num tempo e custo bastante inferiores ao do financiamento.

Como conciliar aluguel e poupança para comprar à vista

Quando o candidato à compra da casa própria tem de conciliar os depósitos na poupança com o pagamento de aluguel, a situação fica um pouco mais complicada. Para saber em quanto tempo é possível comprar um imóvel à vista morando de aluguel, é preciso fazer alguns cálculos.

O principal deles é estimar a taxa média de reajuste do valor do aluguel e a valorização média do imóvel desejado durante o longo período de um eventual financiamento, considerando a tendência dos preços na região onde se pretende comprar o imóvel.

Digamos que você paga aluguel de um imóvel similar ao que pretende comprar. Para facilitar, vou usar o mesmo parâmetro do exemplo anterior: o valor atual de mercado do imóvel é de R$ 100 mil e provavelmente o valor do aluguel equivale a 0,4% do valor do imóvel – R$ 450,00.

Se não fosse o aluguel, o seu orçamento atual permitiria que você pagasse a parcela de R$ 1.100,00 do financiamento que simulamos por 30 anos? Se me disser que sim, que teria capacidade de pagar aquela parcela de financiamento, certamente conseguirá pagar o aluguel e poupar o restante.

Pense o seguinte: em paralelo ao aluguel de R$ 400,00 você depositaria o valor da diferença entre essa despesa e o financiamento – R$ 634,00 – em uma aplicação com rentabilidade líquida de 0,7% ao mês. Sabe em quanto tempo você conseguiria acumular R$ 100 mil? Em nove anos! Não é incrível?

Você deve estar pensando: "Mas o valor do imóvel e o do aluguel já será maior ao final desse período. Pode ser que minha renda não acompanhe esses reajustes".

É muito bom que você esteja atento a esses fatores. Às vezes, no decorrer do planejamento, são necessários alguns ajustes. Fique tranquilo, isso é natural. Vá adequando os depósitos conforme suas posses, mas não perca o foco nem a disciplina. Mesmo que demore um pouco mais do que o previsto inicialmente, você poderá ter sua casa, sem dívidas posteriores, em muito menos tempo do que em um financiamento. Veja o exemplo na tabela da próxima página.

Forma de aquisição	Aporte mensal	Aluguel mensal	Prazo	Total
Poupar sem pagar aluguel	R$ 1.100,00	-	6 anos	R$ 102.500,00
Poupar pagando aluguel	R$ 650,00	R$ 450,00	9 anos	R$ 104.300,00
Consórcio de taxa de administração	R$ 987,00	-	10 anos	R$ 140.000,00
Financiamento pelo SFH	R$ 1.100,00	-	30 anos	R$ 372.000,00

Taxa de juros: 0,7% ao mês

Nos diversos exemplos apresentados acima, você pode conferir que a melhor (e mais rápida) opção é poupar antes de comprar o imóvel. Mas também existem outras alternativas para fazer a casa própria caber no seu bolso. Analise cada uma delas, faça simulações, organize o seu orçamento e se permita sonhar.

Quando financiar já é um hábito

Nas palestras e apresentações que faço, costumo dizer que o brasileiro já está acostumado à "cultura do endividamento". Isso porque financiar os bens que deseja comprar é, para muitos, o atalho pelo qual buscam realizar seus sonhos materiais. No caso do financiamento da casa própria, é muito comum não calcular o valor que será efetivamente pago pelo imóvel ao final do contrato. O raciocínio mais comum é feito apenas com base no valor da prestação.

Saber que a prestação da casa própria cabe realmente no orçamento é fundamental assim como o valor do condomínio (se for apartamento) e do IPTU. Mesmo que você tenha absoluta convicção de que poderá pagar uma parcela de R$ 1.000,00, talvez sua certeza se abale ao saber que o condomínio custará R$ 500,00 e o IPTU cerca de R$ 60,00 mensais, por exemplo.

É igualmente necessário ter a dimensão exata do tamanho da dívida que se está contraindo. Se a taxa for de 10% ao ano, por exemplo, a cada 10 anos de financiamento você paga o valor de mercado de um imóvel, somente em juros, além de correção monetária e do valor do próprio financiamento. Portanto, sinto em ser o portador de notícias não tão animadoras: ao financiar um imóvel em até 30 anos, você pagará 3,5 vezes o valor de mercado do imóvel e, ao optar pelo financiamento de 20 anos, estará desembolsando 2,5 vezes o valor de mercado do imóvel. Mesmo que as prestações sofram deduções gradativas é recomendável fazer as contas e descobrir o valor real do desembolso de dinheiro para esta aquisição.

A mesma cautela deve ser tomada por quem pretende comprar diretamente com as incorporadoras. Grande parte delas facilita a compra com uma pequena entrada e parcelas que cabem no bolso durante a construção, que leva, em média, três anos. Algumas construtoras têm diluído o valor da parcela correspondente à chamada "entrega das chaves" em parcelas intermediárias. Seja durante a obra ou quando ela é concluída, nem sempre o comprador se prepara para essas parcelas mais pesadas. E aí, antes mesmo de entrar no financiamento bancário, já está com o orçamento desequilibrado.

Sem falar nos casos em que a pessoa só percebe que não conseguirá assumir as parcelas do financiamento nesse momento crucial, porque se preocupou apenas com as parcelas no período da construção e não checou o valor que faltaria pagar após a entrega das chaves, nem fez simulações com os bancos de acordo com a sua renda, idade e prazo de pagamento.

Quando isso acontece, tenho observado diferentes reações. Há quem postergue uma negociação com o vendedor ou com a construtora e, quando percebe, está por um triz para perder o imóvel e todos os recursos que investiu. Outros, com medo de não dar conta do compromisso, desistem do sonho antes mesmo de entrar no financiamento. Às vezes, nem se esforçam para identificar se é possível reduzir gastos e se precipitam na venda do imóvel, perdendo dinheiro na negociação. Há também aqueles capazes de atitudes radicais porque a conquista da casa própria é uma questão de honra. Já vi um casal vender uma pequena empresa que era sua única fonte de renda, chegando a ficar totalmente descapitalizado, só para quitar a casa e garantir esse patrimônio para o futuro.

Todas parecem medidas um tanto desesperadas e pouco conscientes. Como professor, educador e terapeuta financeiro, meu papel aqui é dizer que esse roteiro pode ser evitado quando o consumidor mensura bem sua capacidade de pagamento antes da compra e, principalmente, quando faz uma reserva para imprevistos.

Isso vale para qualquer padrão de vida, mas é ainda mais evidente para quem não tem uma fonte regular de renda. Se esse é o seu caso, tenha cuidado triplicado com financiamentos de longo prazo. Minha recomendação é gastar sempre menos do que se ganha. Esse é o único jeito de seguir em busca do sonho da casa própria.

Esteja preparado para as eventualidades

Para aquelas pessoas cujo ganho mensal varia para cima e para baixo – seja como autônomo ou profissional liberal, pequeno e médio empresário, vendedor e representante, o melhor a fazer é estabelecer um padrão de vida considerando a menor média de ganho.

Isso porque quando o profissional de renda variável se baseia pela média mais alta, nos meses de menor renda se vê obrigado a utilizar recursos como limite de cheque especial, cartões de crédito, empréstimos, entre outros. Com isso, os juros acabam fazendo parte da vida dessa pessoa.

Além de estabelecer o padrão pela média mais baixa, recomendo também que se faça uma reserva financeira para os momentos em que os ganhos são menores. É importante lembrar que essas reservas são fundamentais para eventuais problemas como crises financeiras pessoais ou mesmo dificuldades nos negócios.

Para não comprometer o pagamento do financiamento da casa própria, recomendo sempre que as pessoas reservem o equivalente a 12 parcelas. À primeira vista pode parecer um exagero, mas lembre-se de que "é melhor prevenir do que remediar". Mesmo quem tem um emprego estável, como os servidores públicos, pode ser pego desprevenido diante de um caso de doença na família, ainda mais quando não se tem um plano de saúde adequado.

O impacto de situações como essa nas finanças de uma família pode, em pouco tempo, ter um efeito devastador. Dificuldades e crises acontecem sempre e com todos. Mas, para conseguir honrar suas parcelas sem dificuldades, sugiro que você siga algumas recomendações:

Pesquise o custo de vida do local do imóvel pretendido.

Dê o máximo de entrada possível, no mínimo 20% do valor do imóvel.

Financie pelo menor prazo dentro de sua capacidade de pagamento.

Não comprometa mais de 15% de sua renda com o pagamento da primeira parcela do financiamento.

Não caia na tentação de comprometer 30% do seu rendimento, conforme orientação de muitos bancos.

Caso pense em utilizar o FGTS para amortizar a dívida, leve em consideração que este é um dinheiro que deve ser protegido para sua futura aposentadoria ou para um infortúnio no percurso de sua vida.

Informe-se antecipadamente sobre o valor do condomínio e IPTU.

Lembre-se de que você terá de arcar com custos como o ITBI (Imposto sobre Transmissão de Bens Imóveis) e taxas para registrar a transação em cartório, que podem chegar a 4% do valor de mercado atual do imóvel. Reserve uma quantia em dinheiro para essas despesas ou inclua o valor no financiamento.

Reserve cerca de 40% do valor do imóvel para mobília, decoração, mudança, instalações, etc.

Dê atenção especial aos três primeiros anos do financiamento, quando o valor das prestações é maior. O ideal é que você não tenha outras despesas que comprometam sua capacidade de quitar as parcelas.

Caso esteja com dificuldades para pagar a prestação, procure o seu agente financeiro antes que as parcelas completem 90 dias de atraso e que a inadimplência seja encaminhada ao departamento jurídico.

Alternativas para todos os perfis

Consórcio: imóvel por cota.

Quando o aluguel pode ser uma alternativa.

Comprar para morar ou para investir.

Construir exige dedicação.

Consórcio: imóvel por cota

Ao adquirir uma cota de consórcio de imóveis, você passa a fazer parte de um grupo de pessoas físicas ou jurídicas criado com a finalidade de formar uma poupança destinada à compra de imóveis, por meio de autofinanciamento.

Todos os participantes do grupo contribuem com a formação da poupança com o pagamento de prestações mensais sem juros, calculadas de acordo com o valor total contratado, mais taxa de administração e fundo de reserva.

A cada mês, os consorciados concorrem, em igualdade de condições, a sorteios. Para quem não tem pressa e não quer encarar os altos juros dos financiamentos imobiliários, esse é um caminho menos oneroso. Mas o consórcio também permite que sejam feitos lances com recursos próprios ou lance embutido, que consiste em utilizar até 25% do valor do crédito para antecipar a contemplação e ter a carta de crédito liberada.

Também é possível utilizar o FGTS para dar lances ou contemplar o valor da carta de crédito para adquirir o imóvel desejado, devendo-se, entretanto, observar as normas do Sistema Financeiro de Habitação. No entanto, vale ressaltar que o dinheiro do FGTS tem como objetivo a sua aposentadoria, portanto fique atento.

Quem opta por fazer lances, em qualquer uma de suas modalidades, cria um atalho para ser contemplado com a carta de crédito, que pode ser utilizada na aquisição, reforma ou construção de qualquer tipo de imóvel. Também é permitido o uso do crédito para a quitação total de financiamento em nome do próprio consorciado.

Por permitir quitação de financiamento, o consórcio passou a ser visto como uma alternativa de "poupança" paralela ao pagamento de parcelas de imóvel na planta, que geralmente apresenta custos mais baixos durante a obra. Quem tem condições de pagar as parcelas durante a obra e, em paralelo, as mensalidades do consórcio, e fazer lances para antecipar a contemplação, pode conseguir quitar o imóvel sem entrar no financiamento bancário e, a partir daí, ficar apenas com as mensalidades do consórcio, que são inferiores às mensalidades do financiamento com o banco.

Se você se interessou por essa alternativa, como educador e terapeuta financeiro, tenho alguns alertas a fazer: informe-se a respeito do assunto, leia o máximo que puder sobre as características dos consórcios, a legislação vigente, tenha consciência dos seus direitos mas também de suas obrigações como consorciado e, principalmente, procure uma empresa idônea no mercado.

Quando o aluguel pode ser uma alternativa

Por mais que a prática de viver de aluguel seja identificada por muitos como "dinheiro jogado fora", financeiramente pode ser interessante, dependendo do perfil da pessoa. Para alguns, morar numa casa própria dá uma sensação tão grande de segurança e conforto que não há argumento financeiro que os façam mudar de ideia.

Quem tem perfil mais impulsivo, por exemplo, pode ter dificuldade em controlar o desejo de gastar o dinheiro, se este estiver aplicado no banco e for resgatável. Há quem diga que, para controlar a vontade de gastar aleatoriamente, tem de se comprometer com uma dívida maior de algo que lhe agregue valor. Da mesma forma, quem deseja montar a casa dos sonhos vai preferir comprá-la, pois poderá fazer as modificações que quiser no imóvel.

Mas há quem pense ou tenha necessidades diferentes. Para pessoas que são transferidas pela empresa onde trabalham para outro estado ou país com frequência, ou querem ter a liberdade de mudar sempre que a localização do imóvel for conveniente para a família, em função de escola e trabalho, o aluguel traz uma facilidade de mobilidade mais interessante.

Há também quem veja no aluguel a vantagem de ter custos de manutenção reduzidos em relação ao imóvel próprio, com a chance de morar sempre em uma casa com pintura nova ou reformada, por exemplo.

Para quem pretende ficar menos de sete anos no imóvel, não vale a pena comprar. Talvez o mais sensato, nesse caso, seja investir o dinheiro, usar parte do rendimento para pagar o aluguel e acumular uma quantia suficiente para comprar o imóvel à vista depois de certo tempo ou então continuar morando de aluguel enquanto valer a pena.

Um argumento a favor dessa ideia é que, atualmente, os aluguéis correspondem a percentuais baixos em relação ao valor dos imóveis, algo em torno de 0,57% por mês. Para um imóvel de R$ 500 mil, por exemplo, o aluguel mensal corresponde a R$ 2.850,00. Para efeito de comparação, uma pessoa que tivesse R$ 400 mil aplicados no Tesouro Direto poderia, com uma rentabilidade líquida de 0,75% ao mês, pagar o seu aluguel e ainda sobrariam R$ 150,00 todo mês.

Mas se essa mesma pessoa decidisse comprar um imóvel com suas reservas, teria que escolher uma propriedade mais barata e imobilizaria seu capital. Se precisasse do dinheiro com urgência, teria de vender o bem às pressas, correndo o risco de fazer um mau negócio.

Para não se descapitalizar, ela também poderia obter um financiamento e comprar um apartamento de R$ 500 mil.

Com uma entrada de R$ 50 mil, sobrariam ainda R$ 350 mil aplicados, com um rendimento de R$ 2.625,00 ao mês. Em um prazo de 30 anos e com a taxa de juros atualmente praticada pela Caixa Econômica Federal (10,93% ao ano), a primeira prestação ultrapassaria os R$ 5 mil.

As parcelas só se tornariam menores que o aluguel de R$ 2.850,00 a partir do 284º mês (ou 23,6 anos). E só ficariam menores que o rendimento da renda fixa a partir do 303º mês (25,2 anos).

Além dos prós e contras que apresentei até agora, tenho ainda algumas recomendações para quem está avaliando a possibilidade de optar pelo aluguel:

Alugar imóvel e manter o dinheiro investido requer disciplina. O dinheiro não pode ser gasto e deve ser mantido em ativos de baixo risco, com perfil de geração de renda.

O valor do aluguel varia de cidade para cidade (e de bairro para bairro). Em grandes cidades, como o preço dos imóveis está em alta, é possível alugar pagando mensalmente 0,4% do valor do imóvel.

Alugar imóvel semelhante ao que você quer comprar e na mesma região antes da compra é uma boa estratégia para testar se o bairro e o imóvel em si são, de fato, a melhor escolha.

Alugar pode ser uma boa estratégia para recém-casados, que devem fazer o planejamento da vida financeira já que as despesas tendem a aumentar.

Comprar para morar ou para investir

Quem compra um imóvel tem a expectativa de valorização do patrimônio para negociação no futuro ou para transformá-lo em uma fonte de renda, a partir do aluguel. É bom lembrar que imóveis podem tanto valorizar ao longo do tempo como sofrer sérias desvalorizações, dependendo do estado de conservação e de melhorias na infraestrutura da região onde está localizado.

Quem pensa no aluguel como uma fonte de renda precisa saber que aluguéis que correspondem a menos de 0,6% do valor do imóvel praticamente inviabilizam esse tipo de investimento. Afinal, o mesmo valor imobilizado nesse bem poderia ter sido destinado a uma aplicação de renda fixa, que proporciona um rendimento maior, riscos menores e mais liquidez. Há também quem diga que para ganhar com a valorização do imóvel é preciso vendê-lo. Mas quando se trata do imóvel residencial da família, não se deve pensar nele como investimento.

A queda da taxa de juros das aplicações financeiras comparada com a tendência de valorização dos imóveis levou muita gente a destinar seus investimentos para o mercado imobiliário. Para quem está prestes a fazer essa escolha, recomendo que procure preços competitivos e opte por imóveis oferecidos por construtoras ou imobiliárias com histórico confiável.

Se vai financiar, cuidado para não entrar num endividamento desnecessário, que possa pôr em risco outras conquistas ou deixá-lo descapitalizado, desprevenido para imprevistos. Se optar por um imóvel na planta – para vendê-lo antes do momento de entrar no financiamento, tome cuidado para não se apaixonar pelo imóvel durante as obras.

Essa paixão pelo imóvel é mais comum e perigosa do que se imagina. Muitas famílias saem aos finais de semana para visitar apartamentos decorados, que parecem um verdadeiro sonho para quem quer ter a casa própria. Entretanto, o que muita gente não sabe é que a decoração completa, da forma que é exposta nos estandes, custa, aproximadamente, 40% do valor do imóvel.

Além disso, a construtora entrega aos clientes um imóvel basicamente com paredes e a estrutura mínima de banheiro e cozinha. Nem mesmo o piso da sala e dos quartos costuma estar incluído na compra. Portanto, para se mudar para a casa nova, você tem que se conscientizar de que terá muitas despesas com piso, boxe, aquecedor, armários, eletrodomésticos, cortinas, luminárias e todo o restante.

É claro que todo mundo sonha com uma casa completamente nova, como o apartamento do *showroom* e, nessa fantasia, fica fácil cair na tentação de deixar móveis e eletrodomésticos da casa antiga para trás. Mas preciso lembrá-lo de que se você não reservar pelo menos 40% do valor total do imóvel para custear o acabamento da obra, mobília e decoração, corre o risco de ter esses custos se infiltrando aos poucos no seu orçamento, minando seu planejamento e corroendo sua capacidade de pagamento.

Construir exige dedicação

Em grandes metrópoles, um terreno bem localizado é artigo de luxo. Quem quer construir tem que ter um terreno. Para fazer a melhor escolha, avalie, além do preço, a localização e o acesso. Estude o potencial de valorização do local, considerando a estrutura atual e a tendência de crescimento da região. As condições do solo também são importantes. Se o terreno não comportar a construção pretendida, você terá gastos com fundações. Informe-se sobre a taxa de ocupação do terreno e zoneamento e também fique atento à extensa lista de documentos necessários.

Para projetar a casa, você vai precisar de um arquiteto ou engenheiro civil e um empreiteiro, que fica incumbido de contratar os profissionais necessários. Peça orçamento a três empreiteiros e negocie. Antes, visite obras que o empreiteiro executou ou estão em andamento para avaliar itens importantes como padrão de qualidade, limpeza, acabamento, desperdício e cumprimento de prazos.

Além de cotar o preço da mão de obra, pesquise também os valores do material em pelo menos quatro estabelecimentos, considerando se o frete está incluso e a relação custo-benefício de produtos mais baratos. Compare também as condições oferecidas por diversos bancos em suas linhas de crédito específicas para compra de material de construção.

Essa foi a alternativa escolhida por 1,2 milhão de famílias que utilizaram esse tipo de linha de crédito da Caixa Econômica Federal nos últimos cinco anos. Nesse período, o banco emprestou cerca de R$ 15 bilhões para quem estava construindo, reformando ou ampliando seus imóveis. Em julho de 2012, a Caixa cortou juros para uma faixa mínima de 1,40% ao mês e máxima de 1,86%, e ampliou o prazo de pagamento para até 96 meses.

Em outubro de 2012, o governo federal liberou recursos do FGTS para serem utilizados na compra de material de construção. O trabalhador com conta vinculada ao FGTS pode pegar emprestado até R$ 20 mil para imóveis urbanos e rurais avaliados em até R$ 500 mil. O crédito pode ser solicitado por quem tem ao menos três anos de conta vinculada ao FGTS, com saldo correspondente a, no mínimo, 10% do valor da avaliação do imóvel.

Para não ter surpresas, exija ao profissional responsável pela construção o planejamento da obra, que nada mais é do que um cronograma físico-financeiro com a definição de sequência de trabalho, prazos e gastos com material e mão de obra. Preveja também os gastos com documentação para prefeitura, INSS e cartórios.

E lembre-se das dificuldades dessa opção: falta mão de obra, os materiais de acabamento são a parte mais onerosa e a documentação – como Habite-se, INSS da obra e do pedreiro e a escritura pode alcançar valores consideráveis.

> E muito-se das dificuldades de a criar, faltam não só sobre os materiais de acabamento, sem o particular comum de a dogmática, do... todo fantioso. Isto se observa mesmo a respeito pode ficar a...
>
> Vincenzo Mozzarella

Atenção para as armadilhas financeiras

Dificuldades para pagar o imóvel recém-adquirido?

Defina quanto realmente você pode pagar.

Quando o inesperado acontece.

Dificuldades para pagar o imóvel recém-adquirido?

Muita gente contrai uma dívida que acaba se tornando impagável por diferentes motivos: seja porque não analisou muito bem suas finanças antes de fechar a compra ou porque não conseguiu ter uma reserva para imprevistos como perda de emprego, doença, entre outros.

Geralmente, quem está nessa situação já vem há algum tempo pagando as prestações atrasadas, com juros e multas, o que só complica a situação já que a prestação se torna mais difícil de pagar, pesando ainda mais no orçamento.

Como terapeuta financeiro, vejo que, para pagar as prestações atrasadas que se acumulam ao longo do ano, muitas pessoas decidem usar todo o 13º salário e férias ou fazer novos empréstimos bancários para conseguir honrar esses compromissos. O problema é que, passados alguns meses, as prestações voltam a se acumular porque, na realidade, estão acima da sua capacidade real de pagamento.

Também costuma fazer parte do repertório desse processo de endividamento acordos, de tempos em tempos, com o banco ou com a construtora, que geralmente resultam no parcelamento das prestações em atraso. E o novo problema que surge é que a pessoa não consegue colocá-las totalmente em dia porque em vez de diminuir o valor pago, o acordo, pelo contrário, aumenta a necessidade de recursos, inviabilizando ainda mais o pagamento, porque o rendimento líquido vai encurtando mês a mês.

Esse efeito "bola de neve" é desgastante e leva algumas pessoas a desistir do sonho da casa própria. Pensam logo em entregar o imóvel e livrar-se definitivamente da dívida. Esse é o seu caso? Se você está com dificuldades para honrar o compromisso assumido, mas ainda está pagando, fique calmo. Se parou de pagar, não se desespere. Vamos refletir juntos sobre a melhor saída para cada caso.

Defina quanto realmente você pode pagar

A essa altura da nossa conversa, você já deve ter constatado que a sua capacidade de pagamento foi mal dimensionada, certo? A boa notícia é que se você tem rendimentos regulares, é possível reorganizar as finanças, ajustando suas despesas à sua realidade econômica ou repactuar a dívida, alongando os prazos, de forma que caiba melhor no seu orçamento.

Antes de qualquer decisão, o primeiro passo é fazer um diagnóstico da sua vida financeira. Já falamos disso antes, mas vou reforçar a importância de resgatar o controle dos gastos. Quando se sabe para onde vai cada centavo do seu dinheiro, fica mais fácil identificar onde está havendo excessos e o tipo de despesa supérflua que pode ser cortada.

Minha sugestão é determinar um período mínimo de 30 dias, para anotar, diariamente, os tipos de despesas, o quanto gastou com cada uma e qual foi a forma de pagamento. É para anotar tudo mesmo: desde o cafezinho, cigarro, guloseimas, padaria, supermercado, farmácia, transporte, estacionamento, combustível, refeição, balada, curso, cosméticos, salão de beleza, roupas, sapatos, acessórios, entre outros, e se pagou com cartão de débito, vale-refeição, dinheiro, cartão de crédito, cheque.

As pessoas que já testaram a Metodologia DSOP são unânimes em afirmar que não tinham ideia do quanto gastavam em seu dia a dia. Acredite, é muito provável que os recursos de que você precisa para viabilizar o pagamento da sua principal dívida estejam ao seu alcance, mas estão sendo consumidos por gastos não controlados. Isso não significa que você tenha de deixar de comprar coisas, mas é preciso estabelecer um limite para que esses gastos não comprometam o orçamento, muito menos seus sonhos.

É na hora do aperto que fica evidente que quando os sonhos são realmente priorizados e planejados, não correm riscos e dão certo. Tem muita gente que acha que ter um orçamento sob controle significa registrar o que se ganha e subtrair o que se gasta. Se sobrar, está no lucro, se faltar, está no prejuízo.

Para a **Metodologia DSOP** de Educação Financeira, orçamento é o retrato da maneira como você planejou gastar seu dinheiro. Nele, aparecem em primeiro plano os gastos calculados com os três sonhos que foram priorizados (de curto, médio e longo prazos) e, em segundo plano, os valores calculados para as demais despesas. Tudo cabendo dentro do orçamento.

Portanto, se a aquisição da casa própria é um sonho, o valor de cada etapa dessa conquista – seja a reserva para comprá-la à vista, a entrada ou as parcelas do financiamento – tem de estar contemplada entre os gastos prioritários. Lembre-se: esse é um tipo de gasto que não pode ficar condicionado ao que sobrar no orçamento.

Se está faltando dinheiro todos os meses há algo errado. Posso apostar como voce está gastando além do que pode, ou seja, está vivendo fora do seu padrão de vida. E uma forma de identificar isso é por meio do diagnóstico que expliquei anteriormente.

Digamos que o seu diagnóstico financeiro revele que não há gastos supérfluos, porém, fique atento nos seus gastos essenciais pois estatisticamente é comprovado que nas casas brasileiras há um excesso de consumo de 20 a 30% em itens como energia elétrica, água, telefone, alimentação em geral.

Reduzindo esses gastos e eliminando os supérfluos, se mesmo assim não forem suficientes para honrar com o compromisso mensal da sua casa própria, então, pode ser que o problema seja mesmo o mal dimensionamento da dívida e o melhor a fazer é negociar novos prazos e parcelas que caibam mais adequadamente no seu orçamento.

Quando o inesperado acontece

Porém, a situação muda completamente de figura se você, por alguma razão, ficar sem rendimentos ou tiver uma queda brusca nos seus recursos financeiros de uma hora para outra, sem perspectivas de recuperação em curto prazo.

Ou quando a doença de um ente querido está drenando seus recursos e o coloca numa situação de endividamento inesperada, da qual você não consegue sair porque está emocionalmente envolvido – principalmente se não fez reserva para imprevistos como esse.

Em minha experiência como terapeuta financeiro, conheci um casal que negociou diretamente com o proprietário de um apartamento um "contrato de gaveta", assumindo os 180 meses (15 anos) restantes do financiamento. Embora as prestações superassem 30% da renda familiar, eles conseguiram manter tudo sob controle durante dois anos, até surgir o primeiro motivo de dificuldade para pagar as prestações em dia: a perda do emprego do marido.

Após dois anos, a esposa, que era a principal fonte de renda da família, também ficou sem salário. Movidos pelo desespero, eles venderam o imóvel por um valor bastante inferior, o que permitiu apenas quitar a dívida com o banco. Esse período turbulento serviu como aprendizado e, mesmo diante de tantas dificuldades e perdas, o casal não desistiu de seus sonhos. Sete anos após o ocorrido, conciliam o aluguel com as mensalidades de um imóvel comprado na planta, com entrega prevista para 2014.

Ao compartilhar relatos como esse, fico feliz em perceber que essa família não desistiu de seu sonho. Pelo contrário, eles aprenderam – a duras penas, é verdade – e fizeram dessa experiência um ensinamento para a vida toda.

Talvez seja reconfortante pensar que você não é o único que está nessa situação. E que há sempre a possibilidade de recomeçar, fazer tudo de novo, com mais entendimento, segurança e experiência. Se você olhar à sua volta, verá que muitas pessoas precisaram cair para poder se levantar.

A pior solução é deixar a dívida rolar para ver no que dá. Não caia na ilusão de que a dívida caduca ou some, nem confie que vai demorar muito tempo para tirarem o imóvel de você.

No Sistema Financeiro de Habitação (SFH), após a falta de pagamento de três prestações, o dono do imóvel é notificado por escrito. Já no Sistema Financeiro Imobiliário

(SFI), se o atraso for superior a 30 dias, o mutuário é intimado a pagar via cartório de títulos e documentos. Caso não o faça no prazo de 15 dias, o banco terá a posse do bem e o levará ao leilão extrajudicial onde o inadimplente não tem direito a qualquer defesa.

Até mesmo para alugar um lugar para morar, com menor custo, você terá dificuldades geradas pela inadimplência do financiamento, do condomínio ou do IPTU. A saída será pagar um seguro-fiança ou, até que sua vida financeira se normalize, voltar a morar com os pais, parentes ou algum amigo.

Para ficar livre da dívida você pode tentar vender seu imóvel, já que o mercado de usados também está aquecido. Peça a uma imobiliária uma avaliação do imóvel e verifique o saldo devedor porque, em alguns casos, pode ser maior que o valor do próprio imóvel.

Formule um valor que lhe possibilite quitar o saldo devedor, incluindo parcelas atrasadas, e ficar com recursos que o ajudarão a dar entrada em um imóvel mais barato e com prestações menores, ou mesmo garantir as despesas com a mudança, o seguro-fiança e o aluguel por alguns meses, até que as coisas voltem ao normal.

Para transferir o financiamento para outra pessoa, as prestações têm que estar em dia e o interessado na compra deve ter o crédito aprovado. Outra alternativa é o chamado "contrato de gaveta", em que o comprador lhe repassa um valor e assume o financiamento dali em diante. Porém, essa forma de contrato de compra e venda só tem validade entre as partes, deixando ambos em situação vulnerável – o comprador, porque o imóvel só será transferido efetivamente para seu nome quando quitar o saldo devedor, e o vendedor, porque caso o comprador não honre o compromisso, a dívida ainda estará em seu nome.

Se a única possibilidade que restou é devolver o imóvel ao banco ou à construtora, procure ter cautela e consciência. No momento da devolução, procure estar acompanhado de um advogado conhecido da família ou indicado por amigos e que seja especializado na área de imóveis.

Garanta que não será necessário assumir o pagamento de nenhum resíduo pois, do contrário, ficará sem casa e com dívida, o que dificultará ainda mais sua reorganização financeira a partir da devolução consumada. E se além de ficar livre dessa dívida ainda tiver a possibilidade de sair da negociação com algum dinheiro, melhor ainda.

Geralmente, quando se veem diante de uma crise mais grave, as pessoas quase sempre têm sentimentos de frustração, medo, falta de confiança em si mesmas ou no parceiro, e muita ansiedade.

O importante é perceber que um dos principais aprendizados que podemos tirar desse tipo de acontecimento é não ter vergonha de pedir orientação a um especialista, ao gerente da sua conta, um educador financeiro ou a um advogado da área imobiliária. Por mais doloroso que seja, o melhor é enfrentar o problema de peito aberto, fazendo o que precisa ser feito. E acreditar que você será capaz de se reestruturar e recomeçar.

Para finalizar, quero registrar minha alegria em poder ajudá-lo a manter ou alcançar o importante sonho da casa própria. Seja perseverante e nunca desista de seus verdadeiros sonhos.

É importante saber que somos seres inteligentes, porém não sabemos tudo e nunca saberemos, mas sempre será possivel ajudar alguém mesmo quando não sabemos tudo. Esta é a minha missão: ajudar pessoas e famílias a conquistarem seus sonhos.

Fique bem e com Deus!

Boa sorte!

DSOP
Educação
Financeira

Disseminar o conceito de Educação Financeira, contribuindo para a criação de uma nova geração de pessoas financeiramente independentes. A partir desse objetivo foi criada, em 2008, a DSOP Educação Financeira.

Presidida pelo educador e terapeuta financeiro Reinaldo Domingos, a DSOP Educação Financeira oferece uma série de produtos e serviços sob medida para pessoas, empresas e instituições de ensino interessadas em aplicar e consolidar o conhecimento sobre Educação Financeira.

São cursos, seminários, workshops, palestras, formação de educadores financeiros, capacitação de professores, pós-graduação em Educação Financeira e Coaching, licenciamento da marca DSOP por meio da rede de educadores DSOP e Franquia DSOP. Cada um dos produtos foi desenvolvido para atender às diferentes necessidades dos diversos públicos, de forma integrada e consistente.

Todo o conteúdo educacional disseminado pela DSOP Educação Financeira segue as diretrizes da Metodologia DSOP, concebida a partir de uma abordagem comportamental em relação ao tema finanças.

No portal DSOP Educação Financeira (www.dsop.com.br) você encontra mais informações sobre a Metodologia DSOP, simulações, testes, apontamentos, orçamentos e planilhas eletrônicas.

Reinaldo
Domingos

Reinaldo Domingos é professor, educador e terapeuta financeiro, presidente e fundador da DSOP Educação Financeira e da ABEFIN – Associação Brasileira dos Educadores Financeiros. Publicou os livros Terapia Financeira; Eu Mereço Ter Dinheiro; Livre-se das Dívidas; Ter Dinheiro não tem Segredo; O Menino do Dinheiro – Sonhos de Família; O Menino do Dinheiro – Vai à Escola; O Menino do Dinheiro – Ação entre Amigos; O Menino e o Dinheiro; O Menino, o Dinheiro e os Três Cofrinhos; e O Menino, o Dinheiro e a Formigarra.

Em 2009, idealizou a primeira Coleção Didática de Educação Financeira para o Ensino Básico do Brasil, já adotada por diversas escolas brasileiras.

Em 2012, criou o primeiro Programa de Educação Financeira para Jovens Aprendizes, já adotado por diversas entidades de ensino profissionalizante, e lançou o primeiro Programa de Educação Financeira para o Ensino de Jovens e Adultos – EJA.

Contatos do Autor

No portal DSOP de Educação Financeira (www.dsop.com.br) você encontra todas as simulações, testes, apontamentos, orçamentos e planilhas eletrônicas.

Contatos do autor:
reinaldo.domingos@dsop.com.br
www.dsop.com.br
www.editoradsop.com.br
www.reinaldodomingos.com.br
www.twitter.com/reinaldodsop
www.twitter.com/institutodsop
www.facebook.com/reinaldodomingos
www.facebook.com/DSOPEducacaoFinanceira
www.facebook.com/editoradsop
Fone: 55 11 3177-7800